黃永玉

人物聚焦叢書

黃永玉

人物聚焦叢書

李輝 著

三聯書店（香港）有限公司

責任編輯　舒　非
封面設計　朱桂芳

書　　名　人 物 聚 焦 叢 書 · **黃永玉**
著　　者　李輝
出版發行　三聯書店（香港）有限公司
香港荃灣德士古道 220-248 號 16 字樓
JOINT PUBLISHING (H.K.) CO., LTD.
16/F., 220-248 Texaco Road, Tsuen Wan, Hong Kong
印　　刷　深圳美光彩色印刷廠
深圳市龍崗區平湖鎮萬福工業區美光平湖印刷城
版　　次　2003年2月香港第一版第一次印刷
規　　格　16開（180×230mm）104面
國際書號　ISBN 962 · 04 · 2224 · 4

Published in Hong Kong

本書原由大象出版社以書名《黃永玉：走在這個世界上》出版，
經由原出版者授權三聯書店（香港）有限公司在除中國內地以外
的全世界地區出版發行。

《人物聚焦叢書》
總序

李　輝

這是一套突出圖像功能的《人物聚焦叢書》。

都説眼下屬於圖像時代。此話頗有道理。且不説電視、電話、光碟等等主導着文化消費和閱讀走向，單單老照片、老漫畫、老插圖等歷史陳跡的異軍突起，便足以表明人們已不再滿足於在文字裡感受生活、感受歷史。他們越來越願意從歷史圖片中閱讀人物，閱讀歷史。

的確，一個個生活場景，一張張肖像，乃至一頁頁手稿墨跡，往往能蘊含文字難以表達的另一種韻味，因而也更能吸引讀者的興趣，誘發讀者的想像。

這些年來，我一直對二十世紀中國知識分子的命運有着濃厚興趣，一直在試圖用自己的眼睛，凝望歷史天幕下那些或遠或近或高或低的身影。撰寫與編排這套《人物聚焦叢書》，便是在嘗試用新的文本方式，繼續自己的努力。

說“聚焦”而非“傳記”，是因為嚴格地講，我並不是完全按照傳記的方式來寫人物，而是儘量以人物一生為背景，來掃描、來透視我最感興趣、也最能凸現人物性格和命運的某些片斷。此種寫法，接近於人物隨筆，一種更自由、更隨意、往往也更主觀的筆調。在正文之外，我還特意以補白方式選摘傳主的自述或他人的評點，圖片説明也改變通常的僅限於介紹文字的模式，儘量使其活潑而精粹。這樣的結構與筆調，如果與歷史照片等圖像資料和諧地予以結合，人物的命運與性格特點，便有可能在較小的篇幅中多層次、多側面、生動地呈現出來。

感謝香港三聯書店出版這套《人物聚焦叢書》。我希望這樣的系列作品，既能帶來閱讀快感，也能帶來更多的關於歷史與文化的沉思。

2002年秋日於北京

1948年黃永玉在香港。漂泊的青年，終於穿得正兒八經了。

目前所見黃永玉最早的照片。大約攝於1924年秋或1925年春。左起爸爸、祖母、矮子表哥、姐姐、沈荃（沈從文三弟）、太祖母、大表姐、黃永玉、媽媽。

1

黃永玉愛講故事，會講故事，渾身都是故事。

虛構與現實之間，輕車熟路。講故事人微笑着張望故事中人，故事中人的身上也許就閃動着他自己的影子。

人一生其實都在不斷出演故事，敘說故事。不管它們快樂或悲哀，傳奇或平淡。

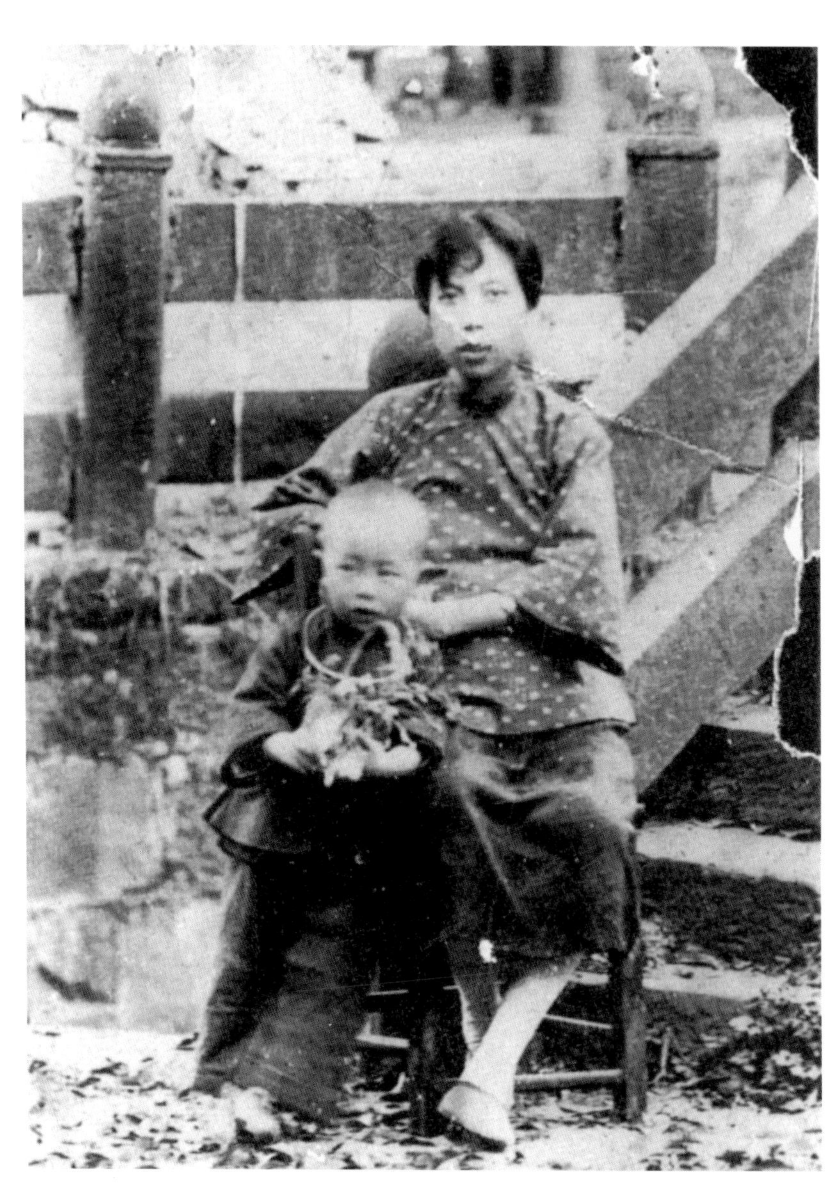

和母親在一起。（一九二七年）

十年前，我陪同黃永玉去他的家鄉湘西鳳凰縣。在那裡，我聽到了黃永玉一生中最初的傳奇。講這故事的是他在家鄉的弟弟，而最初講這故事的當然是他們的母親。

黃永玉出生在湖南常德，幾個月後由父母帶回鳳凰。船在狹窄河道上行使。途中，行至山間，父母忽然聽到風聲，知道土匪就要來搶孩子綁票。船趕緊靠岸，父母將黃永玉塞進一個大樹洞，母親則用鍋煙抹抹臉，假扮船婦。不一會兒，土匪追來，上船打量一番，問是否看到一對帶小孩的夫婦。母親害怕得不敢做聲，只是用手指指下游。土匪們叫喊着往下游追去："快走，那個孩子能值三百大洋。"父母嚇得揪心，既怕孩子叫出聲來，又怕他被蟲咬，他畢竟只有幾個月大。

土匪走了，母親趕緊跑到樹洞前，只見黃永玉安然無恙，沒事一般自顧自地笑着啃手指頭。這下子他們懸着的心才放下來。

故事無異於虛構，但卻真實地發生在黃永玉身上。河水澄碧，竹林青翠，鳥鳴悅耳。多麼令人陶醉、幽靜的景致，但土匪的闖入多麼明顯地帶有當時湘西的特色，打破了這片寧靜和悠然。

我寧願把這看做具有象徵意義的一種暗示：黃永玉注定要在美麗與醜陋、安寧與動盪的世界開始他的

1931年左右在火災後的古椿書屋前。左起：二弟黃永厚、黃永玉，四弟黃永光，堂妹黃永端。

童年的笑，分明與後來人們熟悉的那種笑相差無幾。

小時候，走幾十里來看磨。磨經過很多力，很多運動，磨圓了，磨光滑了，跟人生的經歷一樣。看着輪子不停地轉呀轉，重複不停地轉，像歷史一樣，生活一樣，又像災難一樣，人生的歡樂都包含在內。有時輪子走到你面前，感到它很沉重但又沒有危險，從面前滾過去，像一個大時代。

黄永玉

人生，而他永遠是自己的主宰。

後來的黃永玉正是在這樣的世界中從過去走到現在。七十多年的人生，漂泊、動盪、坎坷，同時，豐富、刺激、充實。大起大落，大悲大喜，交替出現在他的命運中。他很幸運。即便有過磨難，但沒有迷失自己，沒有荒廢自己。

他步履從容，瀟灑地走在這個世界上。

美妙而充實。

在家鄉河邊寫生。畫的是橋，是水，還是記憶。

故鄉的橋

2

我常常感到奇怪，為何鳳凰這樣一個小小山城，居然能在二十世紀產生沈從文、黃永玉這樣一對叔侄、兩代藝術家？他們以各自的創造，在二十世紀的中國發出了自己的美妙聲音。同樣奇怪的是，那片被沈從文稱做古怪地方的地方，在出其不意地嘹亮高歌之後，為何又忽然轉為沉寂？

十二歲那年，黃永玉獨自一人走出鳳凰這個小鎮，到外面的世界去闖蕩。但家鄉對他的影響是永遠的，是刻骨銘心的。

不光會畫畫寫文章，老了還可以來一個水平支撐。

黃永玉有一個值得驕傲的家庭。

曾祖黃河清是鳳凰縣最早的一名貢生。在文廟做過“畫院山長”，用沈從文的話來説，“是當地惟一的讀書人”。祖父長期在外做官，與擔任過北洋政府政務院總理的鳳凰人熊希齡是親戚，曾在北京負責督建熊希齡創辦的香山慈善院。這不是一個封閉的家庭，黃永玉的父親也得以走出湘西，在中國各地轉悠，唸書、教書，新時代對於黃家來説，毫不陌生。

黃永玉夾着一本厚厚的書，他想得到人生就是一本書嗎？他想得到未來自己也要寫這樣的書嗎？

攝於1929年左右。大革命後，爸爸返回鳳凰，我從"木里"回家之時。正街上城隍廟有家照相館，在那裡照的。

黃永玉

黃永玉的祖父可以自豪地摘取鳳凰城多項第一的桂冠：創辦第一所郵局，開設第一家照相館。他的妹妹便是沈從文的母親。沈從文這樣回憶過黃永玉的祖父和姑祖母："舅父是個有頭腦的人物……我等兄弟姐妹的初步教育，便全是這樣瘦小、機警、富於膽氣與常識的母親擔負的。我的教育得於母親的不少，她告我認字，告我認識藥名，告我決斷——做男子極不可少的決斷。我的氣度得於父親影響的較少，得於媽媽的似較多。"

黃永玉的父母當年堪稱一代新型夫妻。在鳳凰，他

俯瞰鳳凰城

老了，還是孩子王。

們是第一對自由戀愛結婚的夫妻：母親，第一個穿起短袖襯衫和短裙，第一個剪髮，第一個織毛線。他們又是第一對從事教育的夫妻，而且在師範學校都是學習音樂和美術的。母親曾在常德女子學校任教務長，校長則是丁玲的母親。母親後來曾告訴黃永玉，丁玲的本名蔣冰之還是她給起的。

父母一度熱心於革命，在 1925 ～ 1927 年間的大革命期間，他們都是一個縣的中國共產黨組織的要員。後來國民黨清黨，局勢突變，他們與上級也失去了聯繫。從此他們告別政治，專心於教育，成了鳳凰這座小山城的音樂、美術教師。他們沒有想到，他們的這一決定，卻使成長着的黃永玉，有了

這個世界，連誰該原諒誰都鬧不清。難怪劊子手還這麼理直氣壯。

親近鳳凰土地、汲取鳳凰靈氣的機會。

有一次我陪黃永玉到鄭州越秀學術講座演講，他的演講題目是《關於我的行當》。在一個多小時的演講中，他講述了一個個自己的故事。這還是我第一次聽他系統講自己的一生。一邊聽，一邊隨手記下他和父親之間的故事：

我的父親也是一個特別的人，非常有幽默感的人。比如說我小時候逃學。七八歲的時候逃學，說學校放假，那麼對學校就說我家裡有事情，其實呢，到處逛。爸爸就知道了，發現的時候說：

“你為什麼不上學？”

我說：“學校放假。”

“好吧！我去看一看。”

很遠呢，一二里地，走到學校到了門口我就知道

我走在五十年前(半個世紀，天哪！)上學的石板路上，沿途嗅着曾經懷念過的氣息，聽一些溫暖的聲音。我來到文昌閣小學，走進二年級的課堂，坐在自己的座位上：

“黃永玉，六乘六等於幾？”

我慢慢站起來。

課堂裡空無一人。

黃永玉

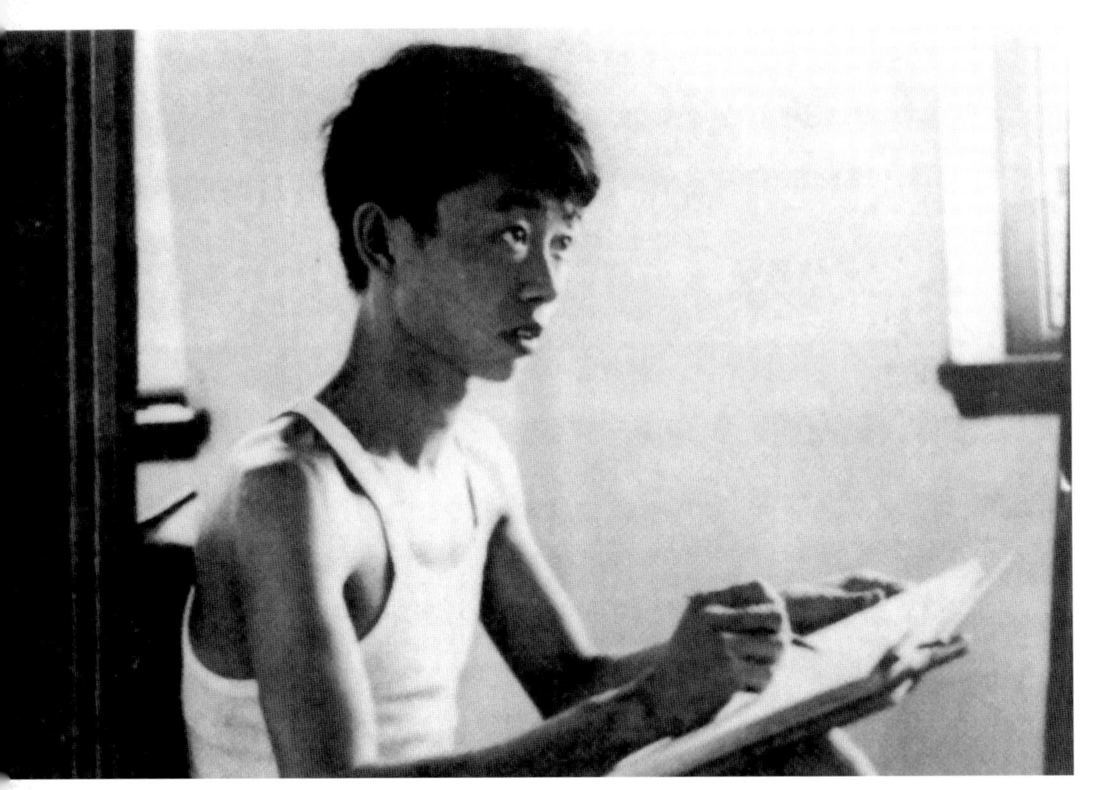

四十年代的黃永玉正在創作。

老爺子說："世界上沒有無緣無故的愛。"他不知道，有了緣故，那還叫愛嗎？

大勢去矣，因為裡頭的同學們聲音很大。

"回家吧！"給他看穿了嘛，回家啦。我以為會挨一頓打。他坐在一個躺椅上，坐着拍着自己的膝蓋大笑："你這個人說謊。不要老是重複說同樣的謊嘛，你老重複說學校有事情，你看看你多好笑，你這個人！"

以後感覺到實在是不好意思，真難為情。

這便是童年黃永玉眼中可愛的父親。父親會畫畫，愛音樂，但更重要的是父親的性格對他的影響。湘西人的幽默、樂觀、爽快、固執，早已融入他血液中了。

故鄉家門

3

從十多年前剛剛認識黃永玉那時起，我就強烈地感受到他對故鄉的那種深厚情感。當時他告訴我，他幾乎每年都要回湘西一次。“我們家鄉實在太好了！實在太好了！”他老愛用這樣的強調語氣誇耀家鄉。他說，故鄉的山水，能夠讓他時時產生創作的衝動。

二十世紀八十年代末有一年與他一起到鳳凰旅行，我親身感受到他與故鄉的親情。那次的旅行路線是從長沙到常德、張家界、吉首、鳳凰。每一站都與他有着密切關聯，每到一地他都有一肚子的故事。故事大都與沈從文、與他自己有關。

走在常德，路過一座橋，黃永玉指着橋下一條狹窄的沿江街道說，那裡即是常德河街，有足足十里長。過去在沈從文的筆下，我曾讀到過這條街。各行各業，應有盡有，經商與賣身共存，文明與野蠻相處。黃永玉遙指碼頭，說他當年去漂泊，便是在那裡上的船。他說父母如何在這裡任教，而丁玲的名字還是他母親給起的。

起舞墨荷

黃山天都峰

說到張家界，彷彿像說自己的作品一樣自豪而偏愛。他說，是他最早關注到這個景區，並率先呼籲有關部門開發。他很自豪，他的名字與張家界緊密相連。二十世紀八十年代，是他陪着最後一次返回湘西的沈從文來到這裡。於是，人們看到，在通往風景區的要道上，一塊石碑上鐫刻着沈從文的題詞——“張家界”。

有人睡得太多，起床休息、休息！

途經吉首，他説一定要到吉首酒廠（現在叫湘泉集團）逗留一下。我看到，在當時還顯得簡陋的廠部陳列室，張掛得最多的是他的畫與字。他興致勃勃帶我們走進車間參觀，帶我們看堆積如山的酒瓶。説到他為“酒鬼”、“湘泉”兩種酒設計酒瓶的過程，他眉飛色舞；説到當年他如何資助酒廠進京推銷，如何利用他的關係打開市場，他同樣津津樂道。這時，彷彿他已不是純粹的藝術家，而是精明的企業家。看得出來，為了故鄉，他樂於做一切

小桂香

明月幾時有，東坡名句。喝醉了酒，哪裡還顧得看月亮。

黄永玉

在“罐齋”裡作畫。牆上剪子一把把，剪什麼呢？

丁聰漫畫黃永玉

絕頂聰明，有時也會做蠢事。是大智和大愚的結合。

華君武

若能忘己，一切本無

事情。

一路上，不斷地能感受到他對故鄉的熱愛和故鄉人對他的尊敬。

鳳凰城處處留下他早年生活的痕迹。

走在鳳凰，聽他講述自己童年的經歷，我對這個小城，對他的藝術與故鄉的關係，似乎有了較為深切的感受和理解。

黃永玉說他的家鄉人有特殊的幽默和風趣，他的作品中的這些特色，往往得益於這種熏陶。他引以自豪的還是滿城的妙趣橫生、嬉笑怒罵的對聯。“你看鳳凰人多有創造性！”每看到一副佳對，他就這樣感慨。

他說他小時候喜歡在青石板小巷裡閑逛。最愛去

不才是我

> 一位領導如果要跟我探討文化民主問題的話，我就會對他說，用不着討論了，我拒絕你的邀請，而你不認為我是大逆不道的話，你已經有一點民主的表情了。
>
> 黃永玉

悟時自渡

的是邊街，那裡是各式各樣的民間藝術的天地。在黃永玉的印象中，有一家姓侯的風箏畫得最漂亮，是宋代畫的源流。他常常站在門前，一看就是半天。雕菩薩的舖子，也是他常去的地方。即使坐在教室，他的心仍在舖子裡。他想像着不同木雕的模樣，這一切，充實着他幼小的心靈。

少數民族的慶典，對於黃永玉這個年紀的孩子，

為沈從文的小說《邊城》插圖（1947 年）

恐怕是最快樂的日子。正是在街巷裡，他看到了至今認為在別處從未看到過的如此完整的民間文化。大傀儡戲，划龍船，重陽登高，元宵舞獅，清明掛墳，紅白喜事，放風箏……他慶幸自己生長在這樣一個大文化環境中。

去過鳳凰，讀過沈從文所有的湘西作品，看過黃永玉畫的故鄉記憶，便會明白從那裡走出來的人，為何會如此固執地偏愛故鄉。對於他們，故鄉不只是記憶，不只是人到他鄉之後的對往事的留戀，而是一種藝術上的必不可少的想像，一種不斷地能夠提供創造力的能源。

真正的藝術家莫不如此。

一種無法排遣的故鄉情結。

人 子

坐在故鄉的河邊

我們的小屋一開始就那麼陰暗，
卻在小屋中摸索着未來和明亮的天堂，
我們用溫暖的舌頭舐着哀愁，
我用粗糙的大手緊握你柔弱的手，
戰勝了多少無謂的憂傷。

黃永玉

黃永玉這樣說過："我有時不免奇怪，一個人怎麼會把故鄉忘記呢？憑什麼把她忘了呢？不懷念那些河流？那些山崗上的森林？那些被羊齒植物覆蓋着的水井？那些透過嫩綠樹葉灑落的像霧的陽光？你小時的遊伴？唱過的歌？嫁在鄉下的妹妹？……故鄉是祖國在觀念和情感上最具體的表現。你是放飛在天上的風箏，線的另一端是牽繫着心靈的故鄉的影子。惟願是因為風而不是你自己把這根線割斷了啊！"當他用這種充滿優美具象的語言來叩問別人時，心裡那種濃濃的鄉情，便不可遏制地漫溢出來了。

第一次讀他的《蜜淚》時，有一種讀《從文自傳》

阿詩瑪

他何曾想到，筆下的阿詩瑪有一天竟成了名煙上的標誌。

的感受。一個小小的山城，居然被寫得那麼美麗，那麼誘人。雖然他也寫到了行刑砍頭的慘狀，寫到落後衰敗的市景，可是，這些都被他筆下那種溫馨、甜蜜所淹沒，彷彿他童年記憶中的故鄉，實實在在是一個美得讓人消受不了的地方。

記憶中美妙無比的，是北城門外的清水河，是鋪滿河底的鵝卵石和房子般大小的石塊。河邊有行家們在釣魚，有他和夥伴們在洗澡。至為難忘的，是河上游峽谷的蒼翠裹起來的植物種種、動物種種：兩邊的竹林和古樹蓋滿了山巖，太陽只有在一定的時候才照得到某塊地方。黃鸝和畫眉在裡頭唱歌，高高的巖石上懶洋洋躺着等太陽的豹子。不僅僅是這些，當把目光從河光山色轉

古玩店

為了太陽，我才來到這個世界

到街景周圍時，他依然能看到在城邊大橋上空盤旋的山鷹——鳳凰人叫做巖鷹。巖鷹盤旋着，似乎俯瞰着水邊一邊捶衣一邊嬉鬧打逗的女人，轉眼間，它躥下來，叼住水裡的雞腸鴨肚又飛上天空。如今，巖鷹們自由自在、自得其樂的叫聲，還在他的記憶中迴響。

黃永玉對家鄉的回憶，與沈從文寫《從文自傳》時描寫湘西一樣，想必經過了藝術的過濾，揉進了自己對故鄉的愛。這一點兒也不奇怪。不難想像，當記憶裡充滿這樣的景致和情調時，故鄉就一定是一個藝術家不可能拋在腦後的影子。同樣是在《蜜淚》中，對走出故鄉之後的生活經歷的描述，就再也沒有鳳凰帶給他的溫馨和美麗了，顯然，流浪者人生的磨礪取代了童年的浪漫。

這幾年，最讓黃永玉投入的不是繪畫，而是創作一部自傳體長篇小說《無愁河上的浪蕩漢子》。他有一個野心，借寫自己的一生，把所經歷的時代的各個側面勾畫出來。目前已經完成的部分，雖然剛寫到四歲，卻已有二十萬字。他在發揮自己講故事的才能，把故鄉民俗、童年影子，生動展現在這部作品中。仍是他的習慣，沒有完整構思，沒有既定格局，隨記憶而行。問他：要寫多長？回答說：我也不知道。

一次漫長的晚年漫步。

真愛，發誓的時候一定臉紅。

小道消息

天有陰晴，月有圓缺，色有黑白，音有高低。你我都不能例外。永玉坦率，他的透明度比我們強罷了。

馬國亮

其實，在熟悉他的生活之後，我又能感覺到，所謂故鄉情緒，有時候在更大程度上恐怕是一種心靈的自我調節、自我安慰。人在變，時代在變，故鄉的一切當然也相應有所改變，甚至有時會變得讓他自己也認不出來。山水人性，遠不會像記憶中那麼單純、那麼美好。有時種種不快，會困擾他，令他傷感。

曾經發生和正在發生的一切，是否會讓他記憶中故鄉的詩意漸漸淡去呢？

我寧願相信，不管現實中故鄉的人與事帶給他多

"忠不忠，看行動"；笑不笑，看水平。

米蘭大教堂

死的可愛和可怕，是夢的經驗。

少煩惱，也不管這些煩惱是否有可能打碎留在心中的美好回憶，他都不可能從藝術的角度改變故鄉業已形成的完美形象。他仍將一直走下去。因為，只有故鄉的回憶，才是他永不枯竭的藝術源泉。

故鄉家中的木板牆上，有一片他四歲時留下的淡淡墨迹。幾筆簡單的臉譜圖案，上面還歪歪斜斜有幾個字：“我們在家裡，大家有事做。”

“那時，我可以命令弟弟了。我大聲一叫：拿筆來！”黃永玉說。

新世紀來臨時，已經七十六歲的黃永玉，他不會忘記遙遠故鄉的那個場景。他還在不停地呼喊自己：拿筆來！

故鄉的真正意義即在此。

坐在小舟上蕩過小河，恐怕早已不是童年的感覺了。

在舒曼的故鄉杜塞多夫

老了，還是那種笑。笑看童年。

5

這世上能讓黃永玉悦服的人實在沒有幾個。但在為數不多的幾個人中，沈從文無疑排在首位。多年來與他聊天，我聽到他提得最多，而且提到時語氣最為恭敬的只有他表叔沈從文。

其實我認識黃永玉還與沈從文有關。二十世紀八十年代中期，我認識了沈從文，並在他那裡第一次看到黃永玉寫他的那篇長文《太陽下的風景》。看得出來，沈從文很欣賞黃永玉。我的筆記本上有一段他的談話記錄，上面就記着這樣一句他不止一次説過的話："黃永玉這個人很聰明，畫畫、寫文章靠的是自學，他的風格很獨特，變化也多。"當時，我主要研究現代文學，對沈從文、蕭乾有很大興趣。這樣，我也就從沈從文那裡要到了黃永玉的地址。

不少人寫過沈從文，但寫得最好的我覺得是黃永玉。我頗為喜歡《太陽下的風景》(還有後來的《這一些憂鬱的碎片》)。當時，乃至現在，當想到來自湘西

永玉為文，朋友擔心影響他畫畫。我想起他講的一個故事：

甲乙二信徒酷愛吸煙。

甲問神父："我祈禱的時候吸煙行不行呢？"神父説："那怎麼行？"

乙問神父："我走路時想到上帝，吃飯時想到上帝，吸煙時想到上帝，可不可以呢？"神父説："當然可以！"

永玉和乙信徒一樣，抽着煙斗向我們走過來了。

梅溪

的這兩個人物時，黃永玉文章中的最後一段話，總是讓人產生豐富的想像，有着特別的興趣：

“我們那個小小山城不知由於什麼原因，常常令孩子們產生奔赴他鄉的獻身的幻想。從歷史角度看來，這既不協調且充滿悲涼，以致表叔和我都是在十二三歲時揹着小小包袱，順着小河，穿過洞庭去翻閱另一本大書的。”

閻婆惜

政治和愛情，兩個最沉重的課題壓在一位小女子身上，難道她作出的答案不勇敢嗎？

黃永玉

陸游詩意

的確，他們兩個人有那麼多的相似。

他們都對漂泊情有獨鍾。沈從文隨着軍營在湘西山水裡浸染個透，然後獨自一人告別家鄉，前往北京。黃永玉也早早離開父母，到江西、福建一帶流浪，在漂泊中成長，在漂泊中尋找到打開藝術殿堂大門的鑰匙。

漂泊，在五四時代蔚然成風。和沈從文、黃永玉曾有過密切交往的蕭乾，1929年漂泊汕頭時，便在筆記本上寫過這麼一段盛讚漂泊的話：“近代中國青年，一種很好的現象，就是以漂泊為快樂。把一向‘父母在不遠遊，遊必有方’的觀念，已經掃除。在作品裡，常見到什麼《流浪》啊，《漂泊記》啊，這是可樂觀的現象，惟願有正大的趨勢！”這正是漂泊青年的浪漫之處！對沈從文、黃永玉這樣一些人來

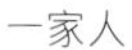

一家人

漂泊多年，1950年第一次回到故鄉。黃永玉（後左）在文星街古椿書屋前和弟弟、表妹、堂妹們合影。

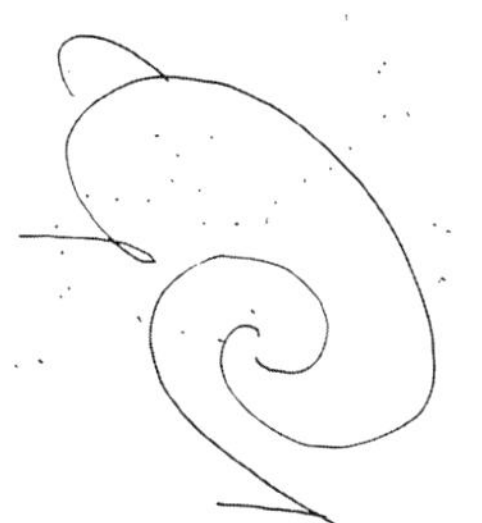

漫長的講演和放屁，都是在氣中拉屎。

說，儘管有漂泊的艱辛，儘管有鄉愁，但在創業時期，這些都早已拋至腦後，他們擁抱的是自由，是浪漫。他們似乎都認定自己的文化使命，都本能地感到自己終究有一天會挺立在二十世紀中國的文化舞台上。

寫到這裡，我突然意識到，黃永玉為什麼會用充滿詩意、浪漫的語言，把沈從文的人生寫得那麼豐富多彩，把沈從文的形象勾畫得那麼感人，想必他在沈從文身上看到了自己的影子。換一句話說，他寫沈從文，其實在某種程度上也是寫自己。命運的聯想常常會是一個人記憶中最溫馨、最令人陶醉的內容。

兩人還有不同。沈從文在到達北京之

後，就基本上確定了未來的生活道路，並且在幾年之後，以自己的才華引起了徐志摩、胡適的青睞，從而，一個湘西"鄉下人"，在以留學歐美知識分子為主體的"京派文人"中佔據了重要的一席之地。黃永玉則不同。由於時代、年齡、機遇和性格的差異，他不像沈從文那樣，一開始就有一種既定目標。他比沈從文的漂泊更為頻繁，眼中的世界也更為廣泛。在十多年時間裡，江西、福建、上海、香港、台灣……他差不多一直在漂泊中，很難在一個地方停留下多少日

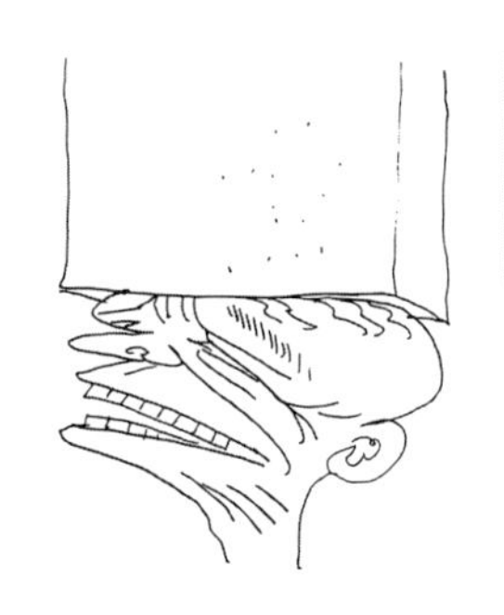

硬着頭皮說，硬着頭皮幹，硬着頭皮頂，這就叫政治。

十二歲在廈門集美學校。寄這張照片回老家時，背後寫着："手裡有水不要摸，不然壞了！"

黄永玉

子。漂泊中，不同的文學樣式、藝術樣式，都曾吸引過他，有的也就成了他謀生的手段。正是在一次次滚爬摔打之後，他變得成熟起來。在性情上，在適應能力上，他也許比沈從文更適合於漂泊。

難以想像，沒有年輕時代的漂泊，會有後來的黃永玉。

漂泊讓他把這個世界看個透，把世態炎涼看個透。漂泊也讓他看到了處世的種種方式、技巧，把他磨煉得更加適應於一個複雜的社會。在一個動盪不安的世紀，在錯綜複雜的人際面前，他顯然要比沈從文更為沉着老練，更為應付自如，同時另有一種"野氣"。

1937 年在安徽蕪湖。左起：四叔、父親、黃永玉、堂二叔。

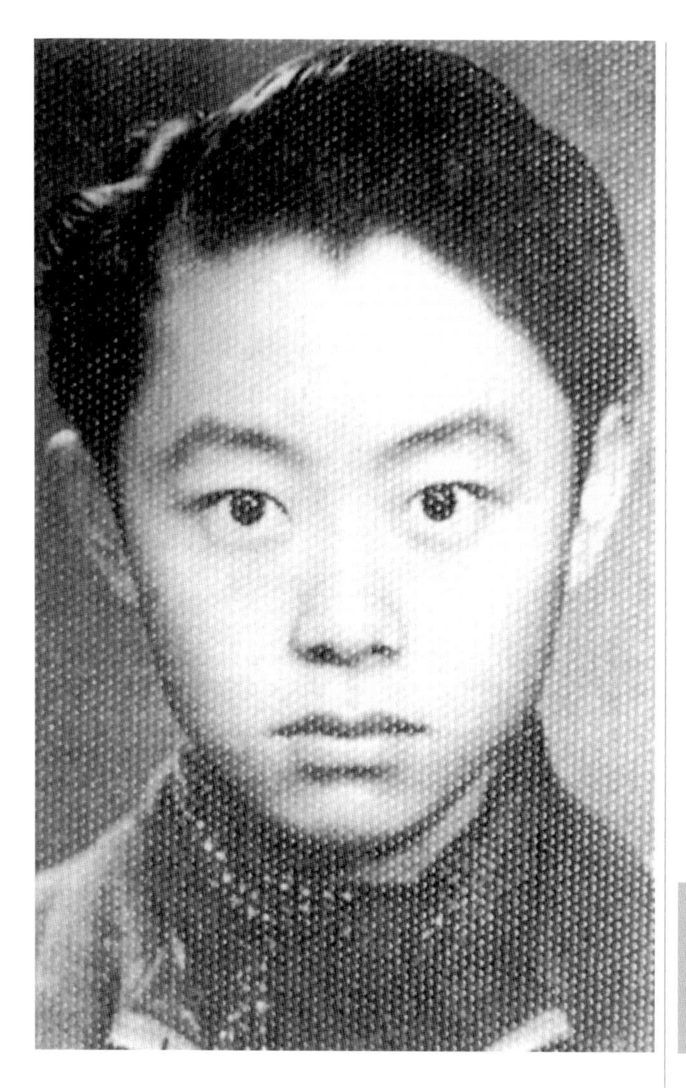

一九四四年在江西的黃永玉。

人們往往要求真的英雄有一幅英武的形象，而忘記了他意志的那重要的一面，堅強不在他的長相。

黃永玉

“他不像我，我永遠學不像他，我有時用很大的感情去咒罵、去痛恨一些混蛋。他是非分明，有涇渭，但更多的是容忍和原諒。所以他能寫那麼多的小說。我不行，忿怒起來，連稿紙也撕了，扔在地上踐踏也不解氣。”他這樣把自己和沈從文進行比較。

這便是有人愛、有人氣、有人恨的黃永玉。

潔瑛送的花

1946年《講故事》。

6

在我所熟悉的前輩中，黃永玉絕對是最有口才、最能講故事的人。每當他家裡高朋滿座時，或者在什麼社交場合，他總是一個中心。他肚子裡像是有說不完的故事，一個接一個，從嘴裡不斷線兒地蹦出來。

是的，講故事是他文章的支架，也是他每日生活中不可缺少的內容。可以說，他就生活在自己經歷過的、虛構的、聽來的種種故事中。那些幽默、

他知道自己有一天也成了畫中的老頭，樂呵呵地講故事嗎？不過，裝束不同，對象不同而已。

快樂、悲傷、痛苦的故事，讓他活得有滋有味。講着講着，一轉眼説不定哪個故事就成了哪篇文章中的段落。

在我看來，他的散文與眾不同之處就在於他對故事的熱衷和敘述的巧妙。

一篇《愛情傳説》，寫得多麼幽默而快樂。

他先講一個意大利的故事：十九世紀的帕帕多波利伯爵的夫人是個威尼斯遠近聞名的美人。有一晚做丈夫的聽見床底下有人翻身不停和打呼嚕的聲音，居然毫不動容。第二天清早吃早餐的時候，他端了一杯咖啡送到床底下，親切問那位不敢露面的“野男

顛倒常規，好笑；掩蓋顛倒，更好笑！

梵高的觀念和梵高的教堂（局部）

人”：“你喝咖啡放不放糖？”

然後又講中國的故事：四川好多年前一位軍閥，知道小老婆跟自己的隨身馬弁搞上了，叫他們兩個前來，當着眾人的面說：“從此你（小老婆）跟他（馬弁）了！”還撥了花園的一間小屋給他們倆，但當馬弁不在家的時候，軍閥卻偷偷去跟小老婆幽會。秘書看不順眼，問他何苦如此？軍閥卻說：“他要格老子戴綠帽，格老子也讓他戴綠帽！”

在他的筆下，一個個中外愛情故事，經他巧妙串連，頓時妙趣橫生。

我常常覺得，黃永玉講述的很多故事，恐怕都已不是本來模樣，而是不經意之間，塗上了

達芬奇和他的自行車

夏天來到，就以為明年也沒有春天；一次失戀，當做愛情永遠不會再回來。走到荒漠，以為到處沒有綠洲。既然你不信這種結論，為什麼憂愁自由不會再來？

黃永玉

自古以來，全世界原諒三種人：詩人、醉鬼和小孩。

我聽說一種叫自由的東西

他鄉

即便在意大利，他還是中心。哪怕是自畫像。

自己的色彩。他寫聶紺弩，寫李可染，寫張光宇，寫張樂平，寫錢鍾書……寫一個個他所熟悉所敬重的前輩。講別人的故事，在他那裡實際上也就是在為自己的人生經歷畫上一幅巨大的背景。他和他們一起笑，一起哭，一起仰天長嘯。

譬如，他寫沈從文在"文革"期間的故事，分明是他用自己的淚水泡了又泡，然後潑灑在紙上，凝成再也化解不開的歷史諷刺：

日子鬆點的時候，我們見了面，能在家裡坐一坐喝口水了，他說他每天在天安門歷史博物館掃女廁所。

“這是造反派領導、革命小將對我的信任，雖然我政治上不可靠，但道德上可靠……”

他說有一天開鬥爭會的時候，有人把一張標語用糨糊刷在他的背上，鬥爭會完了，他揭下那張“打倒反動文人沈從文”的標語一看，他說：“那書法太不像話了，在我的背上貼這麼蹩腳的書法，真難為情！他原應該好好練一練的！”

念橋邊紅藥，年年知為誰生？

鄰居派派

有一次，我跟他從東城羊宜賓胡同走過，公共廁所裡有人一邊上廁所一邊吹笛子，是一首造反派的歌。他說：“你聽，‘弦歌之聲不絕於耳’！”

他不露聲色，彷彿是在講普普通通的、與己無關的事情。可是，聽到這樣一些故事，誰又能無動於衷呢？無疑，他把自己在“文革”中的諸般感受，糅進了別人的命運。

當然，聽得最多的是他講自己的故事。那些故事，有時生動、巧合得讓人難以置信。聽着，聽着，有時我心裡就想：怎麼世上那麼多巧的事都讓他趕上了？不過，吃驚歸吃驚，奇怪歸奇怪，我還是願意從他講述的故事來體味他的人生。

二十世紀五十年代初他從香港回國，隨身帶有一支派克金筆。朋友相聚時，有人非常羡慕。他當即爽快地說："不要緊，過幾天我去香港也給你帶一支來。"他說他沒有想到，當時再也不可能去香港了，這一等就是幾十年。一方面他滿懷熱情投入新時代，另一方面內心卻難以忘懷香港。一天晚上，他突然夢見回到了香港，走在街頭買了一包煙就回來了。醒了之後，他回味了半天，覺得真懊喪。"好不容易到了香港，也不能只買了一包煙就回來呀？"許多年後，他才講出這個夢，像在講一個故事。

聽他講故事，看他編故事、寫故事，的確是一件讓人快樂的事。時間久了，我漸漸發現，這可能是感受他、理解他、認識他的最好方式。

永玉不像顧愷之那麼呆，不信你偷他一幅畫，他會出動蘇格蘭偵探去把它找回來的。但在北京，幾十年來每家人吃飯都少不得的糧票，要是梅溪不在家，他就不知道怎樣去領和如何使用。他自己說：有一天他去糧店買掛麵，店員除了收錢之外，還要收糧票，這弄得永玉摸不着頭腦，好容易回家翻箱倒篋找出糧票，也不知一斤掛麵要多少票，就全部放在櫃台上讓店員去挑，店員挑了半天，搖搖頭說，你這糧票全是去年的，作廢了。弄得他只好到隔壁去借，掛麵才算到手。

黃苗子

7

對於黃永玉來説，不管他後來名聲有多大，成就有多大，財富有多大，展覽去過多少國家，最讓他感到興奮的時刻，怕還是第一次看到自己的美術作品刊載出來，第一次拿到稿酬，哪怕不那麼起眼，

花之憶

不那麼豐厚。在這一點上，任何藝術家和作家大概都不例外。

那是在福建安溪，離開鳳凰沒有幾年，他還是十五六歲的中學生。他在一位會畫油畫的美術老師朱成淦先生鼓勵下，和幾個同學報名參加了野夫組織的東南木刻協會。在這之前，他對木刻毫無概念，卻照着野夫撰寫的《怎樣學習木刻》開始了他一生中最早的藝術實踐。用他的話説，他並不懂得木刻工作的意義，但木刻

我告訴你，自從用錢買得到一切的那一天起，所謂的道德，就不是原來的味道了。

黃永玉

大家張伯駒先生印象

近日讀海粟先生記張伯駒先生文有大風[illegible]之感 張先生從容[illegible]書
生[illegible] 余生也晚[illegible]亦有幸得識故于伯駒先生行[illegible]
生[illegible]如今世有如斯大妙人實千秋江山之福祉也 文化之與文化人 文化人之與家
國極大極深之微妙關係存焉 人自幼及長及衰 大道既[illegible]亦無可迴避
[illegible]
向人之祖國人人皆步此歸途也 [illegible]
[illegible]
[illegible]
[illegible] 伯駒
先生為[illegible]
余初從即知世上有張伯駒先生 知北京有余叔岩 稍長知故宮有杜
牧張好好卷 及展子虔遊春圖 稀世名迹 知中國有鹽業銀行 人事諸般
均由張先生傾下萬貫家當 大見識 大手筆 [illegible] 大方家手
之張伯駒 言之曰古道義士矣 [illegible] 伯駒先生[illegible]
月入八十元 與潘素夫人相依為命 某日余偕妻兒赴西郊莫斯
科餐廳小作牙祭 忽見伯駒先生[illegible]
餐主紅菜湯一盆 麵包四片 果醬小碟 黃油二小塊 先生從從容容品味
紅菜湯畢 小心自口袋取出小手巾 方將抹上果醬及黃油之四片
麵包細心裹就 提小包自人叢從隱去 余目送此莊嚴背影不忍它
移 半月後驚聞伯駒先生逝世 人生常有如此巧[illegible]不足怪也
余曾對小兒女言 張先生一生喜愛人間美好事物 [illegible]世上[illegible]
甘辣富貴貧賤 安臨老不[illegible] 見余不驚 居然能[illegible]紅
菜湯 真大忍人也 老人讀書與今人有別 修德與[illegible]亦與今人
有別 古法也 [illegible]先生學問時當如今日邂逅之
意義 大人國畫家音樂家潘素係余同行 老人手中之麵包
即為其帶回者 情深若是 發人哀思

[illegible] 黃永玉[illegible]

黃永玉只見過張伯駒幾面，可熟悉張伯駒的人說，畫中人的神態真是像極了。

帶給年輕的學生一種創造的快樂和興奮。很快，他的一幅木刻被朱先生推薦到沙縣的《大眾木刻》上發表了，可以想像他看到自己名列那些專家之間時的驚喜。他描寫自己第一次拿到稿費的細節，竟是那麼有趣而生動：

不管多少，反正給我以很大震動。不怕見笑，以至我約了幾位鐵哥兒們一起才敢上郵局。我要他們在門口等着，一旦出事別撇開我就跑了。

我心跳不止，遞上了匯款單、圖章和學生證。裡頭的老家伙慢吞吞，好像要斷氣的神氣，又咳嗽，又吐痰，又拿一塊垃圾似的手巾擦鼻子，休息喘氣，這老東西真的給了我一疊錢："你數數！"

那還用說！老子會輕易放過你？

數完錢，昂然走出郵局。那幫家伙一個個居然都

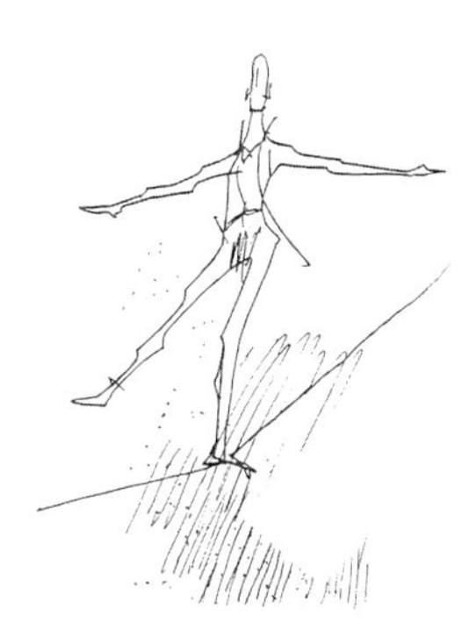

失戀是一種美極了的美感。
可是當事人從不細細享受。

永玉是笑話大王，他可以在同朋友談天中連續講一百個笑話。但這只能說明他的個性和生活愛好，而並不能說明他的創作是從他平日積累下來的笑話中產生的，不管是《罐齋雜記》、《吳世茫論壇》，或是他筆下的水滸人物，都不是照搬他講過的笑話，因為幽默不是廉價的滑稽，而是讓你眼淚向肚裡流的一種快感。

黃苗子

跳　儺

周恩來總理

健在，一擁而上；其實不一擁而上也沒什麼大不了！一鬨而散也沒什麼大不了！不就是上郵局取錢嗎？

請大家到中正街粥舖一人一碗牡蠣稀飯，多加胡椒多加蔥薑，吃得大家像群打敗了的強盜。

二十世紀九十年代初我去過安溪。當地人陪我來到一條老街，走進一家飯館。老房子，牆熏得發黑，湯鍋裡散發出濃濃的海鮮味。老鄉們在一旁嘰里哇啦拉着家常，一點兒也聽不懂。在來安溪之前，我雖說聽黃永玉說過他早年在這裡逗留過，但對他第一次領取稿費後

生命的疲乏

畫中人疲乏了，作者卻精神百倍。幾十年了，還是如此。

的慶功狂歡並不知情，因此我也就沒有在意這條街是不是當年的中正街，它是否還是當年模樣？我只是一邊與主人同飲，一邊想像着黃永玉當年在安溪街上走過的身影。準確地説，他的藝術道路，應該是從這裡向未來延伸。

美妙的開端。

木刻是黃永玉嘗試的第一種藝術品種，一開始，這個年輕漂泊漢子的才華便顯露出來了。1947年，他在香港舉辦一生中的第一次畫展時，才二十三歲，在許多人心目中，他已儼然一位成就斐然的行家。第一

次見到他的人，都吃驚了：你這麼小！

二十世紀三十年代起主編《良友》畫報的馬國亮，比黃永玉年長十幾歲，1947年黃永玉在香港舉辦畫展之前，他就已經從《大公報》、《文匯報》上熟悉了黃永玉的木刻。他這樣回憶：

報上經常發現有署名黃永玉的木刻，多半是少數民族題材，富有民間情調的作品。構圖嚴謹、線條流暢。我喜歡這些作品，我把它都剪貼下來。我認識許多木刻家，例如和魯迅先生一起拍過照的我都認識。只有這個黃永玉，我從未聽說過。

不久報上刊出他的畫展消息。我按址前往參觀。有人給我介紹這位木刻家。我意外地發現，他竟是這樣年輕，和他成熟的作品很不相稱。

對於開始認識黃永玉的許多人來說，更多的"意外"當然還在以後。即便吃驚於他的第一次畫展，但又有哪位能想像得到，未來的黃永玉居然會在文學、藝術天地裡"大鬧天宮"呢？

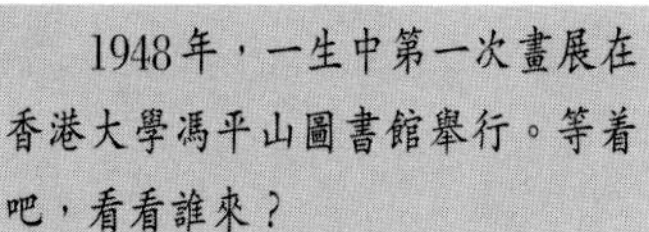

1948年，一生中第一次畫展在香港大學馮平山圖書館舉行。等着吧，看看誰來？

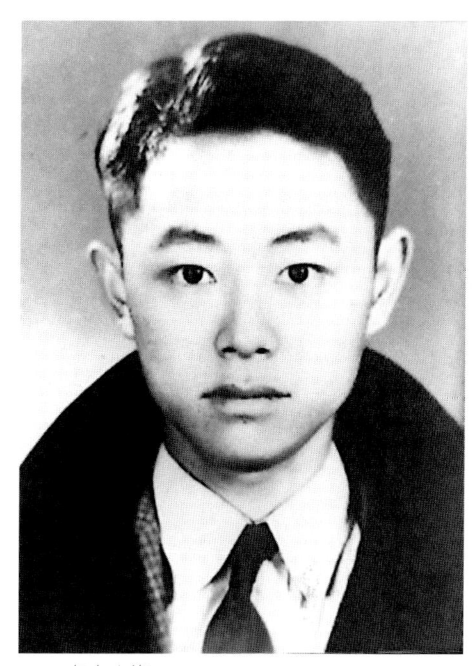

1947年在上海。

黃永玉說，新買一件雨衣，很喜歡。辦畫展賣畫有點兒錢，趕緊去照相館留個影。

俗話説：“狡兔三窟”，黄永玉卻偏偏再加“兩窟”。是説生活中的智慧，還是説藝術的選擇？只有他自己明白。

早年黃永玉就與貓頭鷹結下了不解之緣。

8

談到黃永玉，不少人總是會想到他的貓頭鷹，提到“文革”中所謂的“黑畫事件”。不可否認，政治批判有時難免違背批判者的初衷，反倒以扭曲的方式增加着被批判者的影響力和威望。不過，對黃永玉來說，我卻覺得，“黑畫事件”只是他一生中的一個小小插曲。在審視他的藝術時，這個插曲甚至可以忽略不計。

一個真正的藝術家其實不必藉助於波折與批判來

科西嘉如果遲一年劃給法國，意大利還會有拿破侖嗎？

貓頭鷹

增加自己的聲望——雖然它會起到這種作用。但我更看重的是他永遠擁有的朝氣、勇氣，甚至傲氣，還有他那似乎總是揮灑不盡的創造精神。這才是他真正的價值所在。

“寫不好東西怎麼能怪壓力呢？只能怪你自己。”在說到藝術創作時黃永玉不只一次這樣説。其實這也可以看做他的人生態度。對於一個樂觀、執着、富有創造性的人來說，不管外界如何變化形態，如何難以捉摸，永遠只能是一種背景，一種陪襯。重要的是把握住自己。

他便是如此。不管發生什麼，不

老了，還是那麼調皮，那麼活蹦亂跳。

管面對什麼，他總是他。永遠做自己的主人，把命運牢牢把握在自己手中。在命運面前，他沒有遺憾。

藝術就是一種命運。任何時候，任何情形下，他都情願自己是藝術的主宰，藝術的創造者。只要激情尚存，信念尚存，他就不會停止心靈與藝術的對話。依我看，在他那裡，任何藝術形態都具有同樣的分量，並無輕重高低之分。他沒有受過系統的正規教育，這正好與他的性格相吻合。這樣，他便少了些清規戒律，少了些拘謹。他可以隨性情而行。他自由而大膽地進行着他的藝術探索。他看重的是如何最充分、最自由地表達自己的視覺、情緒、感情、思想

親愛的，
畢竟我們已經跨進了成熟的中年。
讓我們倆一起轉過身來，
向過去的年少，微笑地告別吧！
向光陰致意，
一種致意；
一種委婉的惜別；
一種英雄的、不再回來的眷戀；
一首快樂的輓歌。
我們的愛情，
　　和我們的生活一樣頑強，
生活充實了愛情，
愛情考驗了生活的堅貞!

黄永玉

"文革"中，一首長詩《老婆啊你不要哭》，寫給妻子，也是寫給一個艱難的年代。合影時，正是滿目美景。

等。也就是說，重要的是過程，而非結果和表達方式本身。色彩、構圖、語氣、句式、格調、風格，所有元素與個性是一種交融，而非硬貼上的一張皮。毫不奇怪，他青睞不同的藝術形態。水墨、水彩、油畫、雕塑、木刻、版畫；劇本、 詩歌、散文、雜文、小說；他涉獵如此多的藝術樣式，並且有過精彩的亮相。

在我看來，很少有人像他那樣，有着難以捉摸的藝術潛力和變數。你不清楚，也不會預料，他會在什麼時候以何種藝術面貌展示在你面前。

"文革"剛剛結束，當"黑畫"風波平息，人們還在對他的"貓頭鷹"議論紛紛時，誰料想他以別開生面的荷花和鶴，把一個彩色與墨色相得益彰的新風格，呈現在他的展覽會上。

繪畫上的視覺強烈衝擊還在讓人回味，他又以詩集《曾經有過那個時候》獲得新時期文學的首屆詩歌獎。辛辣的諷刺、無情的鞭撻，把轉型時期知識分子的社會責任感和歷史批判，表現得強烈而深沉。

還記得《新觀察》上那個嬉笑怒罵、不拘一格的"吳世茫"老頭，曾讓不少人好奇，琢磨此公何許人也，居然能夠如此敏銳、尖刻、幽默；就在此時，《永玉三記》的問世好似天外來客，使不少我這種年紀的人，初次領略了畫與文、機智與深刻有機結合的美妙之處。而他的同齡人同樣也驚奇，因為他最早的那些思考片斷，恰恰寫在全民族受磨難與沉默之時，與此同時，他還寫出了那首真摯感人的長詩《老婆啊你不要哭》。畫也好，詩也好，呈現的不只是難以熄滅的藝術才華，更是艱難年代中的一種人生勇氣，一種不願思想和感覺被閹割，不願從此落寞的命運抗爭。

七十年代住在罐兒胡同窄小的屋子裡，穿一身中式對襟，拎壺續茶，活像一個茶館老闆。可就是在這裡，寫下了《罐齋雜記》中那些精彩的片斷。

1988 年他欣然同意交給我《水滸人物》漫畫在報紙上開設專欄，《永玉三記》的風格在這裡得到新的發展。1996 年，在闊別數年之後我們在香港重逢，我驚奇地發現，他在香港寓所的客廳裡，擺放着他自己新近創作的大小不一的雕塑，造型獨特，寓意深刻，達到很高的藝術境界，而我的印象中，他過去似乎並未涉獵這一形式。

把驚奇不斷放在你的面前，這便是藝術家黃永玉的與眾不同之處。

為陳強、陳佩斯父子畫像。

9

“萬物皆備於我”，黃永玉有這種豪氣。

我說他有這種豪氣，並非說他僅僅自恃天分、才情而天馬行空。一次在香港電視台拍攝的電視片《黃永玉》中，他用這樣一句話來概括自己藝術上的成功：“我這輩子應該說藝術的八字好。”語氣很淡，好像所有勤奮和艱辛，都不值得一提。其實，凡是熟悉他的人，無論家人或者朋友、同事，都吃驚於他的勤奮，欽佩他的精力。對於他來說，彷彿一旦進入藝術天地，就永遠不知疲倦，有着奔湧不息的創造力。1999年他在北京舉辦大型畫展，走在自己不同年代創作的各種類別的作品中間，連他自己也禁不住對我

萬荷堂的畫殿“老子居”前，友人在此相聚。左起黃永玉、王世襄、張開濟、楊振寧、丁聰。

說：“沒想到這輩子真幹了不少活！”

朋友們都佩服他的勤快。馬國亮四十年代末就和黃永玉在香港成為朋友。他難忘和黃永玉相交半個世紀的友誼。他說在這五十年當中，黃永玉總令他有不斷的、新的驚訝。他曾從名導演那裡專門學過編寫電影劇本的，而黃永玉並沒有。但是，在香港看了黃永玉編劇的電影《女兒經》，他竟佩服萬分。他還記得一件事：“永玉勤快過人。從我家拿去一幅長僅三公分的蕭邦頭像，不到兩天，他便還給我一幅長五十公分、高四十五公分的木刻拓本，刀法峭拔，渾脫利落。蕭邦的熱情和憂鬱，比原作更見神采。”此言不虛，1999年去中國美術館參觀黃永玉的畫展時，這幅蕭邦木刻像在那些色彩斑爛的畫作之間，顯得格外醒目。當時黃永玉就在旁邊，我當即對他說，要是用這

蕭邦

幅木刻為展覽會製作一張明信片或者藏書票，一定會受到觀眾歡迎。

黃永玉身上的確像是有着永遠使不完的勁兒。做了那麼多的事，他還老在琢磨還做點兒什麼。記得有一次去他在北京郊區的新宅“萬荷堂”，他帶我上樓去看他的新書房，一面牆的書架上，擺了剛從城裡舊居搬來的一些他最喜愛的書。他抽出一部厚厚的1909年版的《韋伯斯特新國際辭典》，摩挲着精緻的布紋封面對我說：這是我少年時代最喜愛的書，我那時常想，如果有一天我能掙錢養活自己了，我就專心把這部書裡所有的小插圖都畫一遍。他講這話時的神情，讓我至今想起既溫暖又感動。要知道，這時的他已是七十多歲的老人了。他又抽出一本已經泛黃的書興奮地告訴我，這次能找到這本書太高興了，這真是本好玩兒的書！我看到這本書的封面上寫着：《童年與故鄉》，古爾布蘭生作，吳郎西譯，豐子愷書，文化生活出版社刊印。

他從不諱言自己沒有經過系統的美術訓練，為自己沒有進美術學院而遺憾。他說，形體也好，色彩也好，每一項的困難都是棘手的，要反復試驗，要碰釘子。他甚至為自己的幼稚而臉紅，而汗流浹背。譬

海是上帝造的；苦海是人造的。

坦白從寬

最乏味的記者訪問：

記者：聽説你素食？

答：便宜。

記者：你道德高尚，不拈花惹草。

答：我陽痿。

記者：你的文學成就一流。

答：我抄別人沒注意的書。

記者：你滴酒不沾。

答：改吸白粉。

……

本書作者置身於黃永玉色彩斑斕的世界裡

說老了，掉牙了，吹不出調了。但是，還是要吹吹。

他喜歡音樂，西洋的交響樂、意大利的歌，甚至現代流行音樂，還有中國的京劇、蘇州評彈。這頗有點像他的畫，又中又西，又土又洋，風格很難界定。一天，他突然興致勃勃地拿出一盤1987年葛萊美獎的頒獎儀式錄像讓我們看，還不住地說，這次頒獎是最好看的。我問，為什麼？他便很認真地答，因為以後的都不好看了。他很幽默。

應紅

黄永玉畫展開幕式

知識，怎麼格殺得了呢？

知識，原本就是發展着的生活的記錄。全人類的文化怎麼格殺得了呢？

黄永玉

如，當他五十年代來到中央美術學院任教時，還從沒有進過素描寫生的教室。

他曾這樣寫到自己在藝術探索道路上的艱辛：

我眼前只能用線條去搜集形象，因為我沒有學會別的方式搜集形象的手段。

我不太相信也不太重視已畫好的一張張的線描稿子，只是通過這種反復的練習把形象在腦子中儲存起來。直到用得着的時候能自由地運用它，不需再去寫生。

用一句開玩笑的話説："我讓那些形象都姓起黄來。"

對別的手藝高強的畫家來説，並非特別的事，對我就不那麼簡單，我得幾十、幾百，或上千的去畫它，像讀私塾背舊書一樣。自然，對舊書我也用很古老很愚蠢的辦法在背誦的。我找不到比這個更簡便省事的別的辦法。

我常常把一些需要解決的問題分開來做而不是混在一起做。造型或結構，我就專畫造型或結構；色

減肥跟廉政一個味道，實行起來阻手阻腳，且引人關注。

《永玉三記》插圖展

彩，我就另一本子專門解決色彩問題。動態，我就解決動態；有些人物刻畫，畫得下的就畫，畫不下的就用文字記在另一個本子上。有時候還寫作下許多有趣的故事。

固然，那些零零碎碎的記錄材料日積月累變成小小屋子裡的災難，但在不同的用途上也成為自己小小的家底。它不光只是在木刻和畫面上有用，和書本一樣，也成為自己進修文化的組成部分。和朋友們聊起天來也常常有新鮮的內容。

一個人有天分這是他的運氣。而天分與勤奮、與機遇一旦走到一起，便會是美妙結合。到了這種境地，還有什麼話好說呢？

天問篇

詩人節弔屈原題
黃永玉畫《天問》篇

聶紺弩

屈原清醒敢問天，
千百年來一人焉。
風雨雷霆都不怕，
自稱臣是水中仙。
我曾夢非天所寵，
夜深不敢仰天眠。
前怕狼，後怕虎，
怕灶無煙鍋無煮。
怕無首領入先塋，
怕累一妻和兩女。
自笑夢膽空如鼠，
醒逢天晴好端午。
詩人濟濟獻詩黍，
我亦隨之傾肺腑。
靈均靈均君何許？

山鬼

像黃永玉這樣有天分、真正有資格稱得上藝術家的人實在不多。不錯，和許多真正的藝術家一樣，他也是在全身心沉在藝術中的時候，在排除藝術之外的種種干擾的時候，才最有創造性，才最容易找到藝術感覺。他的成功即在於此。他的價值，也只有在藝術中才最為充分地體現出來。這樣的人，自信而自傲。也許有遺憾，有痛惜，但卻不會是為自己，而只能是為他所經歷過的時代。

喜歡他也罷，不喜歡他也罷，或者甚至恨他、罵他也罷，他都不會在乎。他自信誰也無法否認他具有傑出才華這一事實。

能夠如此傲立天地間，足矣！

不順眼的事，習慣了就行；苦的事，挨慣了也行；只是，萬萬不要覺醒！

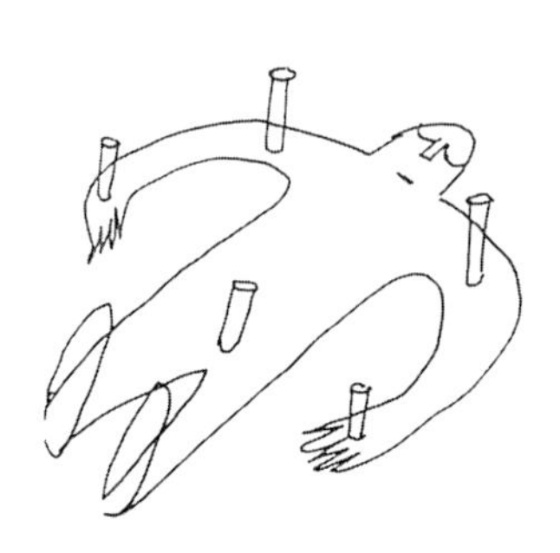

吹笛的黃永玉〔意〕維基里奧

畫完猴票再作畫，哪怕不是畫猴，猴也從窗外跑來了。

喜愛黃永玉的文字已有些年頭了。但集中收集他的畫作題跋，則是近幾年的事。讀畫，讀題跋，也就是一次次從小的角度讀他這個人。

題跋在中國畫中歷來是不可分割的部分。不過，我還未見到過別的人像黃永玉那樣如此偏愛題跋。收集多了，讀得多了，我才越來越明白，他寫題跋，就如同小說家寫手記，詩人寫短章，是心情、心境、思緒的流露。寫題跋時，他大多未想到公開發表，用如今流行的術語說，它們屬於個人的私人話語空間。但是，正因為如此，它們也就更為真切地呈現出一個文人的個性。可惜的是，題跋一

10

鄭板橋提倡難得糊塗其
實真糊塗是天生的學也
學不會
假裝的
糊塗却
是很貴神
還不如別法为好
黃永玉

鄭板橋提倡難得糊塗，其實，真糊塗是天生的，學也學不會。假裝的糊塗卻是很費神，還不如別法為好。

黃永玉

旦散落，所體現的思想、藝術的價值，所折射出的性格情趣，便容易忽略，這不能說不是一個遺憾。於是，我在略有收集之後，便打印出一部分，分送給友人欣賞。同時，也為廣為收集鳴鑼開道。當初我在整理的《永玉題跋輯錄》前面寫了這樣一段話：“讀畫如讀人，而題跋尤具畫家性情。永玉先生作畫喜書題跋，每至興致盎然之時，信筆揮就，長短不一，風格各異。或詼諧幽默，或瀟灑，或凝重，或深沉，一如其言其行，可圈可點者甚多。坦蕩胸襟，橫溢才華，盡遣筆端。故輯錄如下，以邀同好細細品賞。”

題跋因這個人而別具一格。這個人也因題跋而變得更有咀嚼的滋味。

在題跋這一形式中，黃永玉顯得更為自由、率直、無所顧忌。俗時可以大聲罵娘，一掃胸中塊壘；

雅時彷彿搖頭晃腦的老學究，在那裡引經據典。更多的時候，他則表現其幽默和機智的才能，將歷史、現實的諸多話題來一個重新評說。

人們熟知《水滸》，眾多人物經他評點，便凸現出另一意味。

譬如，寫惲哥兒：“天下各種風流事，只有惲哥兒輩得罪不起。王婆不知，後來多少人亦不知此中大學問。”寫閻婆惜：“政治與愛情，兩個最沉重的話題壓

想想看，該畫什麼呢？

身居陋室，笑得照樣開心。

在一個小女子身上，難道她做出的答案不勇敢嗎？”一部《水滸》中的諸多人物，實際上成了他評點歷史和現實的載體。

為《野茶客》寫的題跋，簡直就是一篇絕妙小品文：

茶是山裡人栽的，他們不懂誰懂？清明之前，帶來些自己收的好茶葉，約十幾個好朋友長輩，選一個好地方，搬出多家藏之好器皿，好茶具，就地評論起來，得出個好壞高下，最是有品味的相聚。此種新鮮就不僅是水的一品，茶的一品。周圍一片嫩綠新篁，叢中聽得見畫眉雲雀歌鳴。這哪裡是城裡銀錢買得來的？城裡人把這種趣味強奪了去，卻說是自己發明，高樓上搭了茅棚竹舍，學着農村模樣取了個山人名字，喬做雅致起來。反過來指指點點告訴村裡人，應如何這樣那樣，反轉成為先生。

人說我們湘西人富感恩和復仇精神。

我毫不例外。和我做朋友可靠，但不容易。有些事我很隨便；有些事我很認真，甚至非常尖銳小氣。

恩仇是天大的事，怎能“一笑”而“泯”之？

黃永玉

城裡人臉皮厚才能做得出的。忘記了原來意思，失去了本性，這種人是不懂事，最是無趣。你們懂什麼好水、好葉子？幾時見過真茶樹，喝過真泉水？只是書上讀來順嘴吹出來而已，算不上真風雅學問。

有俗有雅，大俗大雅。讀黃永玉的文字作品也好，繪畫作品也好，都能強烈感覺到這一點。

其實又何止限於寫作與繪畫，生活中又何嘗不如此？這大概便是黃永玉最讓朋友為之嘆服、為之眾說紛紜的地方。

坐在黑白世界中。

習慣抽着煙斗琢磨畫，或者人和事。

畫完了，抽袋煙，琢磨琢磨下一步該怎麼做。

11

如果有人想給黃永玉寫傳，他一定是在選擇挑戰。

他這樣的人對傳記作者來説當然有很大的誘惑。他的經歷，他的成就，他在二十世紀中國文化領域所表現出來的獨特性，都有值得描述、值得挖掘的價值。

然而，你所面對的卻又是生活中難以把握、難以描述的性格。

生活中的人，與藝術中的人常常相通又相異。

他有激情。激情使他的作品剛勁而豪邁，氣勢非凡；激情使他疾惡如仇，愛憎分明；激情讓他不斷產生新的靈感，更願意走一條與眾不同的路。然而，激情也會是把雙刃劍。如果放縱，不也是會讓人像一匹飛奔的野馬，在漫無邊際的荒原上跑向不知曉的所在？一個自信、自傲的

高爾基

在書本（包括畫冊）中我為那些銳敏的生活發現者鼓掌；也極佩服文字技巧家和基本功夫很深的畫家深刻的運用優美的文字和畫家的手段高明。但如果是具備了兩種長處集於一身的畫家或作家時，那當然更會使我高興得整天吹起口哨來。

黃永玉

人，一旦擁有無法駕馭的激情，那麼，智慧、才華，是否就能讓人永遠處在最佳狀態，讓它綻出最為燦爛的花朵？

親人和朋友們都深知他執拗、強烈的個性。他有自己的判別是非的標準，有自己交友處世的原則和方式。如他自己所承認的，他學不會沈從文那種寬容和大度，他也不會根據他人的好惡來做出判斷和決策。看得出來，他還是傾向於做一個性情中人。在更多的時候，他寧願受到情緒的驅動，按照自己做人的原則和好惡標準來做出待人親疏的選擇。

黃永玉曾回憶沈從文在他面前這樣說過：“……我一生，從不相信權力，只相信智慧。”其實，這句話也可以用在他自己身上。他相信自己的智慧，

狗和人，你講句公道話，誰真誠？

相信自己的能力，一旦自己認準的事情，誰也無法改變他。

有時我就想，像黃永玉這樣個性鮮明的藝術家，假如真的失去了激情，真的變得謙和而無自傲，真的不再任性和固執，真的不再衝動，那麼他的個性又如何體現？他還能以他的方式，為這個世界提供一個獨一無二的範本嗎？個性的利弊與優劣，誰又能說個明白？

任何事物都無法假定。都只能基於業已發生的一切來評說，來描述。

別人無法改變他，他自己也可能無法改變他自己。他只能是他自己。

夏 衍

萬世師表

12

難忘那年中秋去他那裡賞月的情景。

月亮升起來時真像一隻淡金色的大圓盤，掛在東方的地平線上，彷彿伸手可觸。就在那個晚上，他畫了一幅這樣的月亮。他說，這是貝多芬的月亮。

他那幾間大大小小的廳堂裡掛滿了他的畫作。很奇怪也很有趣的是，掛在客廳裡的兩幅大油畫，是他十年前畫的，十年了，至今有的地方油彩仍未乾。掛在樓梯口的一幅題為《海》的紅色調子的魚，上面隱隱可見一個黑色的大叉，據說這是“文革”時被造反派當做“黑畫”抄走打上的叉子。後來畫還回來，他費了好大勁才把黑迹擦掉。他對我說，後來想想，也許不擦更有意思。我也問起那幅著名的“黑畫”，那隻睜隻眼閉隻眼的貓頭鷹的下落，他卻告訴我說丟了。

北京罐兒胡同二號舊居

那個中秋夜是個快樂的夜晚。我們十幾個人笑笑鬧鬧地在餐廳包餃子，那邊客廳的電視在播放香港拍攝的那部關於他的電視專題片。我走進去時，看到一個鏡頭，他站在那裡，背景是他的畫，他正用一種平靜的語氣說着：“在我年輕時讀過的詩裡，我至今沒有忘記的是這樣一句：‘為了太陽，我才來到這個世界！’”我知道，這句俄羅斯詩人巴爾蒙特的詩，正是他那幅畫的題。又一個鏡頭中，他微笑着說：“我死後，不要墓碑，不要墓誌銘，如果實在要，就寫三個字——太累了！”鏡頭中出現了他故鄉的山水和吊腳樓，接着是他畫中的故鄉，這讓我想起了把這片山水寫成美麗文字的沈從文。

那個中秋夜的高潮是有三個幸運者吃到了包在三

1997 年本文作者在香港看望黃永玉。

1953 年與齊白石老人

隻餃子裡的“幸運花生”。這時有人開玩笑地隨口說了一句，獎品是先生的三幅畫。他聽了，竟真的悄悄走到一旁去給獲獎者作畫了。他畫得很認真，三幅畫都以月為題，他先畫了一幅金燦燦的大月亮，接着又畫了一幅在沉重夜色中朦朧的月亮，第三幅他畫的是故鄉吊腳樓上的月亮。他說，第一幅是貝多芬的月亮，第二幅是德彪西的月亮，第三幅是故鄉的月亮。

我真後悔自己為什麼沒有吃到一隻包着花生的餃子。

午夜時分從他家出來時，月亮已經升得很高很遠了，月光把庭院照得一片朦朧。我想，這該是德彪西的月亮吧。

中秋過了，月亮沒有了蹤影。但我好久都在回味黃永玉在電視裡吟誦的那句詩：為了太陽，我才來到這個世界！想到這句詩，我便會自然而然想起他寫的一句話：“我深愛這個世界，包括它的悲苦。”這是他的一本畫冊的自序中的最後一句。

幾年前，黃永玉為修建在鳳凰的沈從文陵園刻了一塊石碑：“一個士兵，要不戰死沙場，便是回到故鄉。”他說他把這句話獻給表叔，也獻給各種“戰場”上的“士兵”，在他看來，“這是我們命定的、最好的歸宿”。

這個十二歲開始漂泊的“浪蕩漢子”，還在向前走着。面前的世界很大，很豐富，也很艱難。他還能像以往一樣走得那麼瀟灑，那麼充滿自信嗎？他還會繼續把驚喜再度放在世人面前嗎？

定稿於2000年6月

感謝黃永玉先生提供相關圖片；感謝部分照片拍攝者盧申、吳長初等先生；感謝所有補白的原作者。

世上寫歷史的永遠是兩個人。比如，秦始皇寫一部；孟姜女寫另一部。

老鞋匠

陪同友人黃苗子、郁風夫婦漫步在鳳凰古巷。從滄桑歲月中走來。步履從容而悠閒。在尋覓、在聆聽遙遠的迴聲。